Tesoro mio Piccolo

di   Maria Moro

Tesoro mio Piccolo

POESIE

" *i tanti amori della vita* "

Prefazione

La poesia è il luogo della celebrazione più alta dei sentimenti. E' molto probabile che gli esseri umani abbiano imparato ad usare questa Arte sublime prima ancora di aver codificato un linguaggio compiuto, e sicuramente prima di aver inventato la scrittura. D'altronde bastano anche dei piccoli gesti, come raccogliere un fiore e donarlo con il cuore, perché la Poesia pianti le sue radici negli animi disposti ad accoglierla. La Poesia è dunque un arte semplice e immediata proprio come si palesa nella silloge "Tesoro mio piccolo" di Maria Moro. Le passioni, i tumulti dell'anima, la mestezza e l'Amore gioioso e lontano, sono i fili di Arianna che conducono alla scoperta di una interiorità che esplode con disarmante semplicità. Non concede spazio allo stile la poetessa, che si sente libera dai lacci dei canoni estetici, seppure addomestica il verso, semplice, come potrebbe essere quello di un fanciullo, per donargli quel ritmo e musicalità tipici di una donna matura che scrive, inconsapevolmente, per lasciare una traccia di se e del suo vissuto. La silloge si apre con una poesia dal titolo "A te", dedicata ad un Amore, il cui ricordo si perde nel tempo, e si chiude con una postilla "grazie a chi mi ha insegnato ad amare". Questo da il senso di quanto gravide di questo potente sentimento siano le poesie di Maria Moro. Il rifugio nel passato è spesso un richiamo ineludibile, così come il desiderio di libertà e di appartenenza ad un cosmo fatto di piccole cose e di contorni di mondo che sfumano all'imbrunire.

Leonblas.

A TE

Sempre sei rimasto in me.

In ogni passo mi hai seguito.

Non mi hai mai odiato per averti lasciato andare,

eri parte di me.

Ti ho cullato nel mio cuore,

come ogni madre cura un figlio,

sei dentro la mia anima.

Ogni giorno ti chiedo perdono

Per non averti amato di più,

per aver confuso gli amori,

per non aver scelto senza scegliere,

ho chiuso gli occhi per paura,

non ho trovato la forza.

Tu mi hai perdonato,

Io non mi perdonerò mai.

CASE IMMAGINARIE

Una musica dolce arriva da lontano,

come un tempo andato,

ricordo di profumi sopiti,

di sguardi rivolti al rincorrersi delle nuvole,

al correre in mezzo al grano

meta di case immaginarie di piccole donne

con futuri meravigliosi,

malinconico ricordo che fa sorridere gli occhi,

che riempie il cuore.

CERCO

E' tornato da me da lontano,

seguendo corridoi strani,

è arrivato a starmi vicino

dopo tanto tempo.

 Ho sorriso di gioia ,

di dolore.

Ho capito quanto mi mancava,

quanto mi manca,

quanto io mai sarò come lui,

quanto nessuno mai attenderà

con un sorriso e un pianto,

ogni uno è uno

 e io sono solo uno.

IL SENSO DELLA LIBERTA'

Se potessi cogliere il senso della libertà

volerei verso il mio destino,

lascerei una carezza a chi non mi ero soffermata a dare,

cieca nel mio cammino o solo timorosa nel guardare

silenziosamente il mio voler bene.

Se potessi non aver fatto ciò che ho fatto,

molto amore lo avrei donato a me stessa,

avrei cercato un futuro

avrei creato il mondo.

Se potessi capire il perché l'amore ha cambiato il mio
amore,

mi ha tolto il mio restare,

la ragione di vita potendo dare vita.

Se solo potessi sapere quale angolo ancora mi renderà
migliore,

per cogliere il senso della libertà.

LA MIA CASA

E vengo a cercare il respiro,
il soffio sottile dell'emozione
di uno sguardo nello sguardo
che legge l'anima,
il tempo passato nell'attesa di
questo attimo allontanato nella paura,
cercato per la vita,
per credere ancora.

Appoggio il volto sul cuore
mai andato davvero,
trovo la mia casa,
la mia vita,
la mia morte,
il mio tutto.

LA FINESTRA SUL MONDO

E poi un giorno aprì gli occhi e capì che

quel mondo

era un mondo piccolo per lei.

Un mondo senza calore,

assente di fiori e colori,

un'illusione vuota.

Le finestre sul suo mondo erano lì semiaperte

bastava guardarci bene,

con sole, colori, fiori e i suoni

e il caro sorriso ,

la dolcezza di quella forte mano sulla sua.

IL FIUME SCORRE

Il fiume scorre come i pensieri,

nelle risposte mai date,

nel dolce fluire dell'acqua

che va verso grandi spazi sconosciuti

ad abbracciare e mescolarsi ad altri mondi

da conoscere.

Un percorso pieno di complicate insenature

da superare e vivere fino alla fine

NEVE

Vento che ricordi tempi giovani,

che porti queste stupende bianche ballerine

che svolazzano felici nell'aria,

corrono, volano, saltano.

Ricordi che escono dal mio cuore,

riportano persone care,

che mi coccolano e guardano con me con occhi che

brillano questo spettacolo senza palcoscenico.

Sento gli odori di inverni lontani,

di legna bruciata,

sento piccole pantofole calde per me, che gioia.

Ora tutti guardano accanto a me, con me,

questa festa senza maschera , tutti sono con me,

con occhi che brillano .

Il cuore me li ha portati tutti ,

il cuore non ha maschera.

IL SUONO DEL TEMPO

Il suono di un orologio che batte il tempo,
tempo che scorre veloce e lento,
che cancella il nulla e lascia il tutto.
Il tutto non ha tempo,
vive in noi, con noi.
Non c'è tempo che cancella l'amore più grande,
non c'è tempo che cancella il dolore più grande.
Forse i sentimenti restano anche dopo di noi,
volano alla ricerca di nuovi spazi,
volano per posarsi da chi li sa accogliere,
quelli belli come quelli brutti.
Io ho raccolto quelli di un angelo infelice,
grandi e belli come non mai,
li ho fatti miei, li porto dentro.

LUCE

Non vedo più luce e non è la notte,

vorrei le stelle.

Occhi stanchi sentono lontano nel buio,

cercando almeno la luna.

Luce è vita,

come una pianta al buio la brama,

l'acqua non basta per vivere .

La mia luce non c'è più,

mi fermo qui.

PROFUMO DI CASTAGNE

Mille parole perse nelle calli che danzano nell'aria,

nel vocio di ogni mondo che confondono il silenzio,

profumo di castagne abbrustolite aleggia nell'aria

mescolato al salso del mare,

anomalo sapore che penetra nelle strette vie,

annuncio di autunno e festività della salute,

come nota inaspettata in questo fantastico palcoscenico

che puoi percorrere come attraversare un sogno ,

avvolti da una tenue foschia che modifica i suoni ,

che addolcisce e avvolge

 e sei protagonista in un paese incantato,

come in una bella favola.

OCCHI BELLI

Guarderò mille occhi per cercare i tuoi,

ma non li troverò.

I tuoi occhi nei miei occhi

nessuno potrà mai imitarli,

mai altri occhi potranno dire cos'è il nostro mondo

solo i tuoi nei miei.

SILENZIO

Attimo così speciale

che tanto cerco.

Ora è con me.

Silenzio,

assoluto,

totale silenzio.

Sento il mio cuore ,

il mio respiro.

Esisto ancora.

Lascio riposare la mia mente,

la lascio cullare avvolta in una soffice nuvola di pace,

mi nutro di questo momento.

Apro gli occhi,

piano , piano,

per non disturbare.

SDRAIATA

Sdraiata sull'erba al buio tra i profumi della notte

guardo il cielo,

mille punti luminosi

lo accarezzano,

non c'è il mio.

Il leggero vento mi sfiora il viso

mi porta i profumi della notte,

profumi diversi cambiati con le ore.

La mia mano è vuota

nessuno la tiene,

desiderio svanito.

Respiro piano per fermare

il tremito,

in silenzio piango

per un viso lontano.

SENZA DIFESA

Seguo un filo invisibile, che mi porta lontano

senza difesa ,

la luce è andata senza girarsi indietro,

senza guardare che cadevo,

che mi trascinavo dentro al mio sentimento.

Vivo nel mio amore che mai è mutato,

il nostro è un cambiare continuo

ma i sentimenti unici non cambiano, mai.

 Non c'è temporale , bufera o fulmini

che possa scalfire ciò che di grande c'è dentro.

Non c'è vuoto, non c'è odio non c'è pugnale conficcato

nella carne che sanguina, giorno dopo giorno,

che potrà cambiarlo. Non c'è cattiveria, non c'è disprezzo,

non c'è indifferenza,

non c'è nulla , lui vive di vita sua comunque pieno della

sua fermezza ricco della più incredibile dolcezza,

che esce dagli occhi , che esce dal cuore.

UN POSTO FELICE

C'è un posto in ogni cuore dove andare e ritrovare chi è
andato,
un posto dove abbracci il tuo passato,
dove la carezza di tuo padre è padre e figlio,
dove la tua carezza è madre e figlia.
Un posto felice che non ha spazio e tempo,
dove tutto resta immobile,
dove non regna solitudine,
dolore e rimpianto.
E' quel posto che ti aiuta a non arrenderti,
ti fa conservare integro il tuo cuore ,
che rifiuta l'aridità che a volte senti dentro
donata dagli altri.
E' li e solo lì che ti senti cullata ,
che ritrovi amore.

PICCOLI SUSSURRI

Gesti unici che tali resteranno nel tempo,

che nessuno potrà mai imitare o sostituire,

solo miei,

solo tuoi.

Piccoli sussurri unici,

parole non dette ferme nell'aria,

pensate ma timorose di uscire,

rimpiante nel tempo,

per non averle gridate,

ferme nel cuore da sempre,

per sempre.

PIOVE

Piove, ma molto meno.

Piove nella decisione che forse tutto cancella,

nella consapevolezza che nessuno può arrivare dove arrivi
tu.

Piove, ma molto meno,

c'è ancora un po' di vento che spazza via le ultime
indecisioni,

i piccoli ripensamenti.

Piove, ma molto meno.

La vita è pioggia,

la pioggia è vita.

Chiudo gli occhi.

Piove, ma molto meno.

MI GIRO

Mi giro e ci sei,
non eri mai andato via.
Ti eri solo allontanato
a guardare in te.

Ti giri e ci sono,
mai ero andata via
mi ero solo persa.

CI SONO NOTTI

Ci sono notti in cui risento l'odore dell'erba,
di terra bagnata, di fango .
Ci sono notti in cui distesa rivedo in alto il sole
che scintilla tra rami e foglie e due occhi sopra
il mio viso
ricchi di inaspettato amore e pieni di dolore al ricordo
dell'amore per un padre.
Ci sono notti in cui entro nella profondità di un'anima
e rivedo sorrisi ingenui pieni di cuore e
occhi che piangono
come uno specchio sui miei.
Ci sono notti in cui incrocio l'allegria e la meraviglia
in uno sguardo mentre asciugo il sudore su braccia non
mie.
Ci sono notti dove il tempo non è passato e un
abbraccio
resta un abbraccio per sempre senza che nessuna
cattiveria o
dolore lo abbia mai
cambiato.

HO RACCHIUSO

Un mattino come tanti

di una calda primavera

che porta verso l'estate,

quell'estate,

inizio dell'assoluto vuoto.

Ripetere a se stessi le solite cose,

perchè il buon senso abbia un senso,

ma non c'è senso ,

non piloti il cuore , lo indirizzi, lo proteggi,

ma lui scappa e va li dove deve andare,

senza ragione, senza vincoli, nulla lo può fermare.

Se vuoi l'anima la devi accettare, con il suo dolore,

con le sue grida ,

oppure la getti quell'anima perché non possa vivere

più per nessuno,

perché quel cuore diventi vuoto,

assente, per non soffrire.

Ma voglio la mia anima, con il mio dolore,

con il mio amore assente,

con un cuore dolce presente ,

forse solo per sempre.

Ho racchiuso quel sorriso, quello sguardo,

quel movimento di mani,

quella smorfia che affiora,

quel tirare su col naso,

quel socchiudere gli occhi,

quelle spalle curve nell'abbraccio,

ho racchiuso la voce, il profumo di pelle,

quel respirare a labbra socchiuse,

quegli occhi sperduti,

ho racchiuso te.

Questo mi appartiene è in me ,

con me per sempre.

GRIGIE NUVOLE

Sta nascendo l'alba,

silenziosa,

piena di grigie nuvole,

fa parte di me.

C'è luce ad ovest

che illumina il profilo dei monti.

Sono lontano,

in mezzo a questo cielo a vagare

alla ricerca della mia parte mancante.

BUIO SUL MARE

Buio sul mare calmo ,

acqua che accarezza il corpo

nel silenzio della notte rotto dal leggero

canticchiare delle onde che instancabili baciano la sabbia,

l'acqua è un brivido che avvolge,

che libera le ali verso l'alto,

un cielo coperto di mille stelle grazia gli occhi

di un'immagine che arriva direttamente ad

assetare l'animo per tanta bellezza.

Emozione che invade tutto il corpo ,

che penetra direttamente con un brivido il cuore,

che ripaga e consola di tanto pianto.

ARRIVA PIANO IL GIORNO

Il buio ancora non è andato,

anche se il giorno arriva piano piano,

in punta di piedi,

lasciando il silenzio così speciale

di un mondo che dorme.

Ancora un giorno,

come tanti,

dove non regna affetto,

comprensione,

dove non esiste amore.

Vorrei non ci fosse più nessun giorno

uguale al giorno che privo è di tutto

ciò che il vivere ha bisogno.

PORTE CHIUSE

Le porte sono chiuse,

sbarrate,

per salvare quello che si può.

Ho lasciato entrare la speranza,

l'intuito, ho creduto alla sensibilità altrui.

Ma è entrato lui, forte, deciso, insopportabile,

il dolore.

Si è portato via tutto ,

ha saccheggiato, ha spento la luce,

ha lasciato il buio, il vuoto,

spazzato via i sogni, le speranze.

Ha portato l'incapacità di essere se stessi.

ha tolto la voglia di vedere.

Ho raggruppato i cocci e con il poco respiro

ho chiuso finalmente la porta.

Le porte del cuore ora sono chiuse,

nulla entra, nulla esce, per sopravvivere.

SORRISO DENTRO IL SORRISO

Finalmente la notte è finita,
ora cammino sola protetta da cio' di bello che ho attorno.
E' il mio giorno ,
ho nella mia mano una margherita.
Un suono di campana segna il tempo da lontano,
suono dolce che accompagna il ricordo di quel volto
vicino al mio,
di quella mano che mi sfiora i capelli ,
li sposta dal mio viso ,
che sfiora le mie labbra.
carezza unica e disperata del mio sorriso
dentro a quel sorriso.
Mi fermo,
chiudo gli occhi e cerco il mio respiro.

VELATA DI ROSA

Luce tenue che entra velata di rosa,

annuncio gentile del mondo che si risveglia,

foglie immobili su alberi addormentati,

ultime luci accese nei viali che salutano la notte,

rese inutili ormai dall'arrivo del giorno,

l'aria è frizzante nell'inizio dell'autunno,

la mia mano ti sta vicino, ti culla, ti parla

di tutta la bellezza di questo nuovo giorno.

NITIDI RICORDI

Piccolo parco deserto,

nitidi ricordi,

tenerezza infinita,

luce negli occhi,

inizio di felicità,

termine di pace.

TRE STELLE

Poso lo sguardo su immagini che porto nel cuore

e sempre l'emozione è con me,

figure che diventano sfuocate,

dita che accarezzano i contorni di un viso fatto di carta,

di tempo caro andato.

Volgo gli occhi al cielo

dove brillano le mie tre stelle,

pegno per un dolce pensiero,

rabbrividendo dentro e fuori

nella fredda sera che mi circonda.

VENTO

Non puoi rubare al vento il suo potere,
lasciati
solo sfiorare,
chiudendo gli occhi,
respiralo,
fai entrare il suo profumo,
e lascialo andare,
sei
parte di quel vento,
che corre veloce,
che fugge,
che torna,
che è fuso con te,
non smettere di
gridargli in silenzio
che ci sei....
non smettere di sentirlo nel suo silenzio.

CAMMINO LENTO

E' un camminare lento,

attento,

dove spesso chiudo gli occhi e respiro,

poi di nuovo avanti.

Percepisco ogni piccolo suono,

profumo, movimento.

La mente è attenta, vigile.

La speranza è retrocessa,

occupa un posto lontano.

La realtà ha preso possesso,

con la cruda esistenza,

senza via di scampo.

Sogno profili lontani fatti di movimenti,

gesti,

creano un vuoto immenso,

un nodo che non si scioglie,

portano a continuare il mio camminare lento.

E MI SENTO FELICE

Tempi andati pieni di vita quotidiana
di misura del tempo,
di valore delle cose,
di armonia nei rumori che
diventano suoni lontani,
che nitidi ritornano alla mia memoria.
E assieme ai ricordi sento gli odori,
indimenticabili,
che ogni tanto riaffiorano.
Odore di cibo di infanzia dimenticato ,
profumo dei campi di frumento appena tagliato,
di erba medica.
Come amo questi profumi che porto nel cuore,
mi nasce il sorriso
e mi sento felice.

TENERI GIOVANI VECCHI

A passi lenti,
incerti,
camminano vicini,
 sfiorandosi appena,
nel viso hanno rughe di amore e dolore
fuse tra loro,
occhi ormai languidi che racchiudono visioni di un
mondo andato,
dove tutto era possibile,
dove non si diventava vecchi.
E' bello vederli andare assieme,
sfiorandosi dolcemente appena le mani,
timide carezze quasi non più permesse
e proseguire vicini,
complici di un'altra vita.

COLORO I RICORDI

Coloro i ricordi,

quelli belli , lontani,

sbiaditi dal tempo,

ricolmi di volti,

sorrisi , di abbracci,

di piccole pene viste come montagne,

di calde risate,

di scherzi, di canti,

di promesse eterne

e di giovani pianti.

Coloro i ricordi,

per tenerli a me accanto,

quei volti sbiaditi

che ho amato tanto.

BRACCIA STANCHE

Le braccia stanche avvolgono il mio corpo freddo,

il vuoto dentro è come un pozzo senza fine,

come un frantumarsi di vetri che cadono nel nulla.

Non genererò me stessa nel futuro,

la speranza si è distrutta,

la vita è senza vita.

la strada ora è vuota,

senza timore di cadere.

senza voglia di non cadere.

BIMBA FELICE

Se le promesse fossero fatti

e i desideri fossero vita,

volerei nel vento

con le mie braccia che circondano

e il viso appoggiato

al mio cuore,

su due ruote che

vanno verso il blu

del cielo e dei pensieri,

con il dolce sorriso

di bimba felice.

IMMAGINI DI TE

Ho raccolto immagini di te,
quasi a tratti sbiadite,
statiche,
vagamente scomposte che fluttuavano nella mente,
quasi prive di vita,
quasi inutili,
ormai vuote di sentimento,
ormai vuote di me.

GUARDA NEI MIEI OCCHI

Guarda nei miei occhi quando mi scriverai,

perché io non possa essere solo gioco,

guardami nel mio sorriso quando mi scriverai,

perché io non possa essere solo lacrime nel volto,

guardami nelle tue braccia avvolte,

nella tua bocca dolce quando mi scriverai,

perché la lontananza nutre,

guardami con consapevolezza quando mi scriverai,

perché io possa essere finalmente solo io e tu

finalmente solo tu,

guardami nella mia carezza quando mi scriverai,

perché io non debba mai essere vuoto nel pianto.

PAROLE

Parole, parole,
vorrei parole che mi abbracciano,
parole che mi sollevano,
che mi facciano volare.
parole mai dette,
parole che accarezzano,
che regalano il sorriso.
parole che cullano e
baciano le mie lacrime.
Parole, parole per colmare il mio vuoto,
parole che muovono labbra,
le tue labbra,
che mi parlano con i tuoi occhi

HO SEDUTO LA MIA ANIMA

Ho seduto la mia anima difronte a me,

le ho chiesto di sentirmi,

le ho detto che non ho più amore,

non ho gridato,

solo silenziose parole sono uscite,

sfinite silenziose parole,

non ho più amore,

forse ho donato troppo, ho dato tutto senza ritorno,

forse l'amore dato non tornato viene sprecato,

forse ci lascia il vuoto.

La mia anima vuota difronte non risponde,

è senza vita quasi come me,

non ha parole silenziose,

forse mi è mancato almeno una rosa, una margherita,

un anello invisibile, un ditale,

forse quello sarebbe stato un po' d'amore ritornato,

ma nulla è tornato , nemmeno un fiore.

IL MIO INTERO

Nella corsa continua mi giro indietro,

guardo la parte di me lasciata a te,

essenza d'anima e cuore,

il mio intero,

che sparisce nella nebbia ,

quasi non fosse nulla .

ANGOLI

Anche girando mille angoli

ritrovo sempre il mio unico sole,

sta li,

dove nessuno tocca ,

è luce.

QUESTE RIGHE

Non mi troverai più tra queste righe,

sarò andata a spegnere il mio dolore.

Vorrai i miei occhi, per guardarti dentro.

Vorrai la mia bocca, perchè altra non hai.

Vorrai il mio sorriso, per placare il tuo cercare.

Vorrai il mio pianto, per mescolarlo al tuo.

Vorrai me, per sentirti vivo.

Vagherai nel vuoto per la mia assenza.

Capirai che è l'aria la mia presenza ,

la mia, la tua ,

perchè il vento ha portato questo amore,

 come la pioggia e il sole,

come un albero alla terra,

come il fiume al mare ,

tu sarai già con me, in mc ,

quando non ci sarò più tra queste righe.

SCRIVIMI

Scrivimi con gli occhi

dentro al mio cuore,

scrivimi con il sorriso

posandolo nei miei occhi,

scrivimi tutto ciò che mai silenzio ha urlato,

scrivimi addosso perché possa scrivere di te.

IL MIO PASSATO

Vivo in questo presente
fatto di colori sbiaditi ,
di emozioni andate,
di tempo scandito senza voce,
di occhi che non vedono,
di cuore spento.
Figure mi passano accanto, vanno e vengono
senza sfiorarmi come maschere senza anima.
Grazie o mio passato ,
affogo nei tuoi ricordi per ritrovare gocce di linfa,
mi fai attingere ai tuoi colori,
alla luce per i miei occhi.
Ti rubo brandelli d'amina che ho lasciato
quasi interamente a te ,
per farmi ancora abbracciare da un sorriso
o anche solo dal pianto ,
per nutrirmi il cuore malandato ,
per lasciare che questo mio presente
non sia completamente assente.

ABBANDONO

Fili sottili di memoria scorrono prendendo il cuore,
strette di malinconia arrivano agli occhi,
pensieri avvolti nel sentimento più grande,
volati nel tempo,
nell'aria,
nell'infinita assenza,
nulla li rende piccoli,
restano intatti a qualsiasi colpa,
puri a qualsiasi abbandono.

ULTIMO ATTO

Inizia l'ultimo atto di questa commedia dell'anima,

ore piene di amore diviso,

donato a parte di me,

realtà beffarda che simula,

che inganna,

che allunga finta gioia che riempie di tutto e

poi crudele devasta,

un attimo,

solo uno e come bolla di sapone

tutto svanisce.

Gli occhi restano sbarrati a guardare,

il cadere dell'anima nel vuoto,

finisce la gioia,

finisce il domani,

e si muore ancora una volta.

MINUTI SEGUONO MINUTI

Minuti seguono minuti,
sfidando il senso del vuoto,
fingendo un attimo che non copre,
il seguire interminabile dell'assenza,
quel lato aperto,
esposto al mondo,
che indifferente alla realtà aspetta
e aspetta ancora.
Richiesta al cielo per far chiudere quel
cuore ferito,
allontanare quel sentimento
volendo il nulla,
mai più nessun dolore.

ALI DI LIBELLULA

Bacio lieve ,
come sottile
 fremito d'ali di libellula,
dolce,
come soffio di vento,
eterno,
come impronta sul gesso.

RAGGIO DI SOLE

Intreccio di cellule,

miracolo di vita,

fusione d'amore

legame indissolubile.

IL MIO ANGELO

Il mio angelo se ne é andato,

credeva nel mondo,

nel gioco della leggerezza,

ha incontrato una finta felicità che non capisce

e non sopporta perché crede eterna.

Io guardo il mio angelo andare,

si sta portando via tutto con sé,

il mio tempo, la mia gioia,

il sogno eterno scalfito.

Attorno a me tutto sta cambiando colore,

il mare è cielo,

il cielo è terra,

la terra è mare,

tutto si confonde,

tutto è niente.

Il mio angelo se ne é andato

Forse non tornerà.

.........Ogni silenzio è pieno di mille parole,
   ogni silenzio è un'occasione sprecata per dirsi
   ti voglio bene,
   ogni silenzio racchiude sempre più un anello
   invisibile che non si toglierà mai...........................

Grazie a chi mi
ha "insegnato" ad amare

Maria

Sommario

Sommario

€ 12,00